# Mi madre
## encendió un volcán
### ella sola

LORCA|Berenice

DIANA AGÁMEZ

# Mi madre encendió un volcán ella sola

XXIV PREMIO DE POESÍA VICENTE NÚÑEZ.
DIPUTACIÓN DE CÓRDOBA

La Diputación Provincial de Córdoba concedió
el xxiv Premio de Poesía Vicente Núñez a la obra
*Mi madre encendió un volcán ella sola*.
El jurado estuvo compuesto por Jaime Siles Ruiz, Benjamín Clark Harley,
María Sanz Colchón, Julia María Valero Pereandones,
Bartolomé Delgado Cerrillo; bajo la presidencia
del diputado-delegado de Cultura Gabriel Duque Moreno

# Berenice

www.editorialberenice.com
@berenicelibros

© Diana Agámez, 2025
© Editorial Almuzara, s.l., 2025

Primera edición: octubre de 2025

Berenice • Lorca
Director de Berenice: Javier Ortega
Maquetación: Daniel Vera Muñoz
www.editorialberenice.com

Editorial Almuzara
Parque Logístico de Córdoba. Ctra. Palma del Río, km 4
C/8, Nave L2, n° 3. 14005, Córdoba

Imprenta: Gráficas La Paz
ISBN: 979-13-87811-15-0
Depósito Legal: CO-1656-2025

Impreso en España/*Printed In Spain*

# Índice

*A todas las Madres Buscadoras, a todas las Hijas Perdidas.*
*A todas las Hijas Buscadoras, a todas las Madres Perdidas.*
*A mi Madre y a Cristina Serrano por insistir.*

*Las cosas están unidas por lazos invisibles.*
*No puedes arrancar una flor sin perturbar una estrella.*

GALILEO GALILEI

Mi Madre sufre de los nervios
A menudo los encuentro
desparramados por la casa
como perlitas de un collar apenas reventado
saltan y no se dejan calmar

Nadie tiene dedos tan precisos
voluntad tan certera como la suya
cuando con sus manos los recoge uno a uno

*VOLUNTAD*

Eso de la soledad es difícil
La poesía no es una ciencia exacta
y hay que llamar a las cosas por su nombre

Mi Madre sufre de soledad
ella que vive poblada de seres que la adoran
como el último de los dioses
no siente el bullicio del amor

No sé como ayudarla
Ya no sé cómo multiplicarme
para que todo no parezca solo ante sus ojos

*LA POESÍA NO ES UNA CIENCIA EXACTA*

El psiquiatra de mi Madre es elegante
nos habla de las cosas del mundo
de las cosas de adentro y de afuera
como si nada fuesen

Me dan ganas de decirle
que las cosas son más difíciles
que sus palabras
que el consuelo a un dolor desconocido no existe
que sus terapias no alcanzan la raíz de la herida de
/ mi Madre

Me inflamo de fuerzas para desautorizar su palabra

Pero como siempre mi Madre sigue siendo Madre
y me ahorra la peor parte

*MADRE ES MADRE #1*

Las pastillas que la ayudan a dormir
son las mismas que la ayudan a olvidar

Nos consolamos pensando que el olvido le pasa a todo el
/ mundo
que ir por algo y a los dos minutos no recordar qué era es
/ un mal común

Eso nos convence cuando no leemos
el folleto de los efectos secundarios

*LEER BIEN ANTES DE INGERIR*

Vi caer un rinoceronte embriagado de etorfina
lo vi perder el sentido
desplomar su media tonelada de vida sobre la sabana africana

Vi correr a todos a su alrededor
inocular una antena en su piel
y registrarlo como miembro vivo de su especie

No vi camisas de fuerza

Vi un amor monumental como el mismo animal rodearlo
Vi a una entera aldea
esperar a que se despertara
guardando una distancia
que no impedía socorrerlo
en caso de desorientación

En el reparto psiquiátrico eso nunca lo he visto

*ETORFINA*

Con dios y con el diablo
al mismo tiempo no se puede estar

Vivir pensando en lo que no es
sin ver lo que es

Estar donde no se ha ido
porque se eligió ir a otro lugar

Fluctuar entre el cine
y la orilla del mar
a la misma hora
debe cansar los deseos

Vivir dos tiempos en un tiempo
Vivir con dios y con el diablo
giros de la mente
estrategias de permanencia
abrazo a la fuerza nómada que la habita

*DUAL*

Los años suman y restan días
solo ellos son capaces
de estar con dios y con el diablo
al mismo tiempo

Los años son la vida
que va
la que viene
la que está
la que se acaba

Sinfonía desquiciada
celebración
pastel
flores
y un epitafio

*CON DIOS Y CON EL DIABLO*

Mi Madre está obsesionada
con las luces de navidad
si tardamos en ir por la ciudad a contemplarlas
se entristece de la rabia
se queda prisionera de la ausencia
que solo colman las luces de navidad

Si son de colores
son un insulto
ella las prefiere blancas
intermitentes
algo parecidas a su voluntad

*COSAS EN COMÚN*

Le creo cuando dice que no sabe
de dónde sale tanto quebranto

Después de todo
hasta que desaparecí
la vida había sido clemente
y nuestra historia no era tan trágica

Le creo cuando dice
que busca y no encuentra
el motivo de esas luces que se le apagan dentro

Le creo cuando no sabe
por qué si afuera hay gente adentro no hay nada
Creo en su taquicardia
cuando nos sentamos a la orilla del mar
debajo de un atardecer que conmueve todo lo que respira

-se supone que es el lugar más calmante-
Pero no
Le creo

Nada más inútil que convencerla de lo contrario

PONERME EN TUS ZAPATOS

El señor de la farmacia se mueve bajo los efectos de una
/ rutina
que le impide leer nuestra prisa
La incandescencia del medio día no lo ayuda a reaccionar

Para el mundo es un día cualquiera
para mi Madre es el día en que acaban sus pastillas para
/ dormir
El fin del mundo -algo así-
bajo el vuelo de dragones enfurecidos
que la abandonan sobre un mar sin fondo
con la promesa de una caída perenne

El señor de la farmacia regresa con las pastillas para dormir
/ entre sus manos pulcras
Regresa con una velocidad que mi Madre no tolera

Despliego mi mano como el ala de algún ángel
y acelero los tiempos de entrega

Traigo de vuelta el sueño a los ojos de mi Madre

*ARTIFICIAL*

Un lugar sin fondo
por el que mi Madre precipita cada día

Un lugar sin fondo que atravesamos
para ir a salvarla

Como un trampolín el terreno bajo nuestros pies
nos despide hacia la superficie

Volvemos al mundo con agua en los pulmones
exhaustas de un lugar sin fondo
que no existe

*ANSIAS*

Mi Madre no contempla permanecer en casa sin un
calendario de cosas por hacer

Mientras las hace
inventa otros calendarios
de más cosas por hacer
Mientras las hace
regresa al viejo calendario
llora por las fiestas
a las que no fue
las canciones que no bailó
y el tiempo que pasó
vestida de azul
cuando quería vestir de amarillo

Se arrepiente con perseverancia de lo que no vivió
Se arrepiente en el preludio de su próximo respiro

*ARREPENTIMIENTOS*

Estoy rodeada de lumbreras que aseguran que las voces
/ en mi cabeza
no son verdad
Desenfundan sus convicciones como una espada
que me hiere

Entre la certidumbre del mundo
y esas voces agudas en mi cabeza
no sé qué duele más

*LA MEDIDA DE UN DOLOR*

Un día mi mamá no pudo más
se sentó a llorar
en la Mariapalito[1] del abuelo

Estuvo allí bajo la sombra bailarina del guayabo
entre temblores y recuerdos
no sabíamos qué hacer ni cómo consolarla

Eran todos los dolores de la vida
que no lograban seguir la travesía hacia el olvido
y encallaban a la orilla del árbol de guayabo

Agua con azúcar en vaso de electroplata
era el bálsamo de la abuela para todos los males
El tintineo de la cucharita al agitar agua y azúcar
era el anuncio de una tregua

También lo eran las sabias palabras de la abuela
*"hija el golpe siempre sale"*

*HIJA EL GOLPE SIEMPRE SALE*

---

1 Mariapalito: nombre que se le da a las sillas mecedoras en la
costa norte de Colombia

La pandemia cayó como agua de un deshielo ancestral
bajo el cielo de nuestras casas
rendimos los espacios como una olla de sopa
para muchos invitados

Me preocupaba mi Madre y su devoción por la calle
por las multitudes
el bullicio
las luces encendidas
los cristos en sus cruces

En casa vagábamos del cuarto a la cocina
del baño a la cama
de la cocina al baño
de la sala al cuarto

Mi Madre llenó de multitudes nuestro vagar
encendió el ruido en nuestros pasos
nos invitó a bailar en una fiesta imposible

*MADRE ES MADRE #2*

Mi Madre se avergüenza de su Depresión
no quiere que nadie sepa que llora sin razón

Mi Madre le suplica al psiquiatra otras palabras
para nombrar su enfermedad
menos definitivas y más prestigiosas
que no comprometan su capacidad  frente al mundo

No hay medida para la vergüenza de mi Madre
No hay explicación que la convenza
ni que la distraiga de su pena

Su psiquiatra ya no sabe qué escribir
Yo como mi Madre creo
que existen palabras menos graves

Algunos nombres duelen

*CAMBIO DE NOMBRE*

Madre de mi Madre eso soy
cuando le hablo y no me escucha
Madre de mi Madre
cuando le digo que confíe en mí y no lo hace
Madre de mi Madre
cuando mil veces la llamo y no responde
cuando le pregunto ¿por qué vuelves tan tarde?
cuando le suplico que no me deje sin sus noticias
que se alimente bien
y que coma verduras
mientras las escupe

*MADRE DE MI MADRE*

Mientras regamos las violetas
de la tumba de mi padre
mi Madre le dice que lo perdonó

Observo el gesto de sus manos
sacudiendo con amor la hierba reseca
El polvo vuela atravesando el rayo de sol
que cae sobre mis piernas y me entibia

Imagino a mi padre
que nos escucha murmurar
reír
llorar
que se mueve
se siente perdonado
aliviado
sus manos relajadas
y su cuerpo
que se acomoda
en una posición definitiva

*MI MADRE Y SUS COSAS*

Mil veces
mil veces
dices mil veces
mil veces
mil veces mi nombre

Te escuchan mil veces
decir
mil veces
mi nombre

Te dicen mil veces
que ya has dicho mil veces mi nombre
Necesitas saber que te escuchan
y te aseguras
diciéndolo mil veces

*FORMAS DE TENERME VIVA*

Era la hora en la que el sol recogía su luz
el horizonte se volvía cielo
y el cielo se volvía noche

En el segundo que dura ese intersticio
se alteran los colores
vibran o se apagan
despiertan o se duermen
incluso mi Madre cambia
parece menos vieja
menos perdida
menos adolorida
de frente a la ventana recogiendo ella también su luz
apagándose

Volviéndose cielo

*FORMAS DE APAGARSE*

Se le quema el café
Se le olvidan las llaves
Se detiene el desierto en su reloj de arena
Se tropieza tres veces con la misma piedra
después la tira
y no esconde la mano
No escucha consejos

Mi Madre va por la vida
buscándome
sin escudos

OBSTINACIÓN

Es el reverberar de un dolor
en la noche más fresca

El palpitar de una herida
bajo la sutura

El temblor de la voz
escondido en una fiesta

Los pasos de baile
aún en el silencio

Y esa manía de encender
las luces de día

*TRAUMA*

Mi Madre creyó algún tiempo en la empatía
en eso de ponerse en los zapatos ajenos
y que se pusieran en sus zapatos

Como la huella de la piel
nunca nadie ha sido capaz de calcar
dos historias

*LA EMPATÍA*

Madre
y si volar quisiera decir
detenerse
permanecer
aceptar
rendirse
Y si volar quisiera decir
apagar por un momento las alas

*OTRAS FORMAS DE VOLAR*

Desplazamiento de caderas
este río yéndose al mundo
Madre
ya no seré más tuya

*PARTO*

Madre seremos las hijas
de una arqueología incompleta
El carbono 14 no exhumará
ni una de nuestras emociones

Solo la poesía cantará nuestro mapa
esclareciendo la lágrima y la sonrisa

*LA POESÍA CANTARÁ NUESTRO MAPA*

Columna recta
Corazón alineado
Hombros paralelos
Pubis contraído
Inhala
Exhala

Una música la distrae
para mi Madre la postura es bailar

*GIMNASIA POSTURAL*

Ceder al fragor de una palabra dulce
a un movimiento gentil urdiendo cada gesto
Ni se nos ocurra ser sentimentales
Vergonzoso dejar ver las rosas que corren bajo la piel

Madre ¿y el sentimiento que nace de la espina?

Dejamos la conmoción
en una esquina de la casa adornando la nada

*MALOS TIEMPOS*

Para mi Madre un paraíso es un paraíso si puede salir de él
No la seduce la promesa que allí dentro todo va a estar bien
Ansía la belleza
no el bien

*PARAÍSO*

Madre que no te sorprenda
el llanto sin un lugar sobre el que caer
un digno espacio que amortice la caída de tus lágrimas

Ellas han recorrido
el río de tus días
no puedes traicionarlas
con el vacío

*PAÑUELO DE LÁGRIMAS*

Pensar que no es definitivo
volverá
dejar ir
irse
son notas de un dolor insoportable

La eternidad es bastante
ya habrá tiempo para que las cosas rotas
se compongan

*RECETA DE MI MADRE*
*PARA CUANDO ALGO SE ROMPE*

Después de todo hasta que desaparecí
la vida había sido clemente
y nuestra historia no era trágica
Algunos días de hambre y poca agua
pero nada que mi Madre no pudiera resolver
con tres o cuatro días de batea y plancha en la casa de algún
/ rico

Hasta que desaparecí mi Madre solo sufría de tristezas
que solía curar con agua de azúcar

Le creo cuando no sabe
por qué si afuera hay gente
adentro no hay nada
Creo en su taquicardia cuando se sienta a la orilla del mar
debajo de un atardecer que conmueve todo lo que respira

-se supone que es el lugar más calmante-
Pero no
le creo

Nada más inútil que convencerla de lo contrario

Desde que desaparecí mi Madre no duerme
se la pasa encontrándome

debajo de cada piedra del desierto
En el olor del vestido que dejé sobre mi cama antes de
/ perderme

Puedo ver tu quebranto Madre
las líneas de tus manos desaparecer conmigo
excavando una fosa donde te dijeron que yo estaba


Puedo sentir que no me sueltas Madre
pero tampoco me encuentras Madre

Es que ya no hay nada que encontrar

*RESTOS*

Después de lo profundo
viene lo abisal
Después de lo abisal
y más abajo crece mi raíz
Mi Madre

*INSONDABLE*

No sé si hay una meta
que indique que el trauma se acabó
Testaruda como es cada mañana
mi Madre camina hacía esa meta

*EL TRAUMA*

Es madrugada
en casa las gotas atascadas en la ducha
se relajan
caen
Por el desierto
por el mar
por la montaña
mis pies van sobre la cresta puntiaguda de una estrella
Madre voy atravesando la luz y la sombra
Sola con mi nombre

*DILE A MI HIJO QUE ME LLAMO ROSA*

Ahora ya no respiro
sofocaron todo eso que en mí era vida
Voy enfriándome
pronto voy a oler muy mal
Voy a descomponerme
De tu hija poco va a quedar
pero Madre tus historias antes de dormir
seguirán en el intersticio entre esta vida y la otra

*ALGO VA A QUEDAR*

Dicen que los días de mi Madre están contados
Imposible

La eternidad no se puede contar

*ACLARACIÓN*

Acaba de salir el sol en el desierto
Entre dos pequeñas dunas colorea de luz lo que queda de
/ la noche
Las Madres aún reposan apiñadas unas sobre otras para
/ procurarse calor
Sus mejillas se tiñen de dorado

Habían ido a excavar la tierra en busca de sus hijas
Esta noche tampoco ninguna fosa nos parió
ni mi Madre pudo reconocerme por la cadenita
en la que nadaba un caballito de mar

Seguimos perdidas

*SIN TÍTULO*

No es mentira que se pueda
hacer un inventario de las piedras del desierto
Si se te pierde una hija podrías levantar
cado grano de arena

*LA BÚSQUEDA*

Mi Madre vivía enferma de abandonos
y se refugiaba en una montaña de pastillas
que en secreto consumía

Tenía un sueño plástico
que nacía del Rivotril
y otras mezclas químicas

El día que me perdí mi Madre se curó
La enfermedad del abandono
es ahora la búsqueda
y solo quiere estar despierta
para verme llegar

*LA CURA*

Mi cuerpo estaba junto al cuerpo de Juanita, Sandra y Diana
Una sobre la otra nuestros vestidos de lentejuelas se
/ enredaban
iluminados por una tímida luna que no quería vernos

La escarcha de nuestro maquillaje brillaba
sobre nuestros rostros

Éramos bellas
El efecto prolongado de la laca mantuvo
el azabache de nuestros cabellos en orden
Toda aquella violencia no nos despeinó
ni nuestro maquillaje se desdibujó
Éramos flores apenas cortadas
iniciando a palidecer

La música seguía moviéndose en nuestros cuerpos
y la fiesta reverberaba en nuestros labios

Estábamos tibias
la muerte no nos había llegado del todo
esa noche en Sonora

*COMPAÑERAS*

Si caminas tres pasos más adelante
y seis más a la derecha ya me habrás encontrado
Te estás acercando Madre
Por ejemplo ayer estabas a dos pasos pero algo te distrajo
y te pusiste a hacer un inútil rosario que te alejó de mí

Todavía no he pasado al nivel en el que se habla con las
/ estrellas
no es muy diferente acá del resto de la vida
hay filas y hay siempre que esperar por todo
pero ya llegará mi turno
y una estrella te guiará hacia mí

*SIN TÍTULO*

55

*a Henry Brady*

Mi Madre trae los bolsillos repletos
de los escombros de su casa en Sonora
Dice que algunas veces hay que ser como una vela
y derretirse para iluminar la vida de los otros
Si mi Madre lo dice
entonces
algunas veces
hay que ser como una vela y derretirse
para iluminar la vida de los otros

*LA CANDELA*

Mi Madre encendió un volcán ella sola
Encontró lo que de mí quedaba
lo que de mí nadie quería ver
Levantó cada piedra del desierto
Me escuchó
traspasó la vida y me volvió a parir
Por la noche después de verme nacer de nuevo
encendió un volcán ella sola

*MI MADRE ENCENDIÓ*
*UN VOLCÁN ELLA SOLA*

## AGRADECIMIENTOS

No hay poesía solitaria y los poemas que componen este libro no podrían ser la excepción. Mi gratitud total a quienes me han acompañado durante su escritura con su tiempo, su presencia y sus palabras: Paolo Crisi, Simona Macci, Lorena Guevara, Emiro Santos García, Martín Solares, Nena Cantillo, las hermanas Herrera-Herrera, Laura Tatis, Ana Pérez, Fiorina Guzzi, Cristina Gasperin, Leidys Rojas, Ruby Abuchaibe, Angel Agámez, Alessandro Baricco, Isabella Agámez, Henry Brady, Maribel Agámez, Carmen Ethel Lara, las hermanas Agámez Mendoza, Luisa Machacón, Piedad Agámez, Mary Luz Blanco, Alicia Pájaro, Dina Giuseppetti, Alfonso Munera, Elisa Ciprianetti, Rosmery González, Angela Mogollón, Yamileth Flórez y Freddy Ávila.

A Polonia, Erika, Elito, Viviana y María las mujeres de la Candelaria, en Cartagena, Colombia.

Gracias a las Mujeres del Desierto y de la Selva que habitan en este libro.

A las *venezolanas*.

Gracias a la Diputación de Córdoba y a Vicente Núñez Casado por coincidir conmigo en la poesía.

Infinitas gracias a quienes con su trabajo hicieron posible la edición de este libro.